NATIONAL PARKS WORD SEARCH PUZZLES

Puzzles That Celebrate the American Outdoors

Publications International, Ltd.

INTRODUCTION

From Acadia to Zion, America's national parks are vast, precious, and unique in the world. Our national parks are incredibly popular, with annual visits reported to be in the hundreds of millions. While you're thinking about which park your hiking boots will take you to next, enjoy these park-themed puzzles! The word searches in *Brain Games®️ National Parks Word Search Puzzles* have been created with national park enthusiasts in mind. Every puzzle uses a specific national park as its word theme, and all of the parks are represented.

The puzzles follow the familiar format: Every word listed is contained within the letter grid. Words in the list can be found in a straight line horizontally, vertically, or diagonally. Words may read either forward or backward. If you need a hint, answers are found in the back of the book.

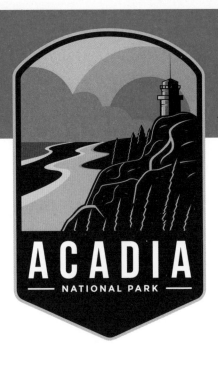

ACADIA	HIKE
ATLANTIC	ISLE
CARRIAGE	MAINE
COAST	PENINSULA
EASTERN	PEREGRINE
FISHING	ROCKY
FOLIAGE	SALTY
HEADLANDS	TIDAL

ACADIA
NATIONAL PARK

```
M Q Y E B Q R J I J V C O A S T
F M B M A Z B C A D E X E U Q O
L S P F Z S A G C H I E B F M D
Z G D Z U R T F J F I S H I N G
E Q Y N R D P E C B A O L K S K
K H J I A J L C R L H X E E F C
I S A D R L D N U N K N X O Y
H G N O E D D S X H T G I O L F
E Y C I U A N A S J X S R Q I I
K K R Z I I G N E M G A G K A Y
Y S Z D N Y M F A H A L E T G O
V C A E L G I I M X S T R Z E C
W C P J W R N J H F A Y E R J W
A C S E I E H R D B V C P N S G
L Q A P C I T N A L T A T P E O
Z W X V C L A D I T B V A Z B K
```

Answers on page 144.

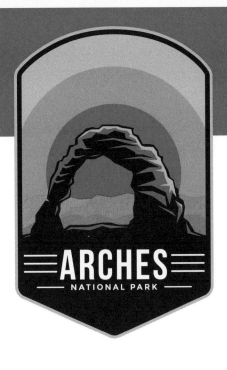

ARCHES

BOULDERS

COLORS

DRY

ERODED

FORMATIONS

HOODOOS

MOAB

PINNACLES

RED

RIBBONS

SANDSTONE

TEXTURES

UTAH

WIND

WONDERLAND

ARCHES
NATIONAL PARK

```
P  H  S  K  U  V  Y  Q  T  V  H  M  M  Z  X  N
T  D  O  Z  Z  F  W  G  P  J  B  F  Q  W  Y  S
E  Q  O  E  W  R  I  I  A  R  C  H  E  S  R  J
X  P  D  X  Y  O  N  Y  C  K  S  N  U  Z  D  A
T  H  O  N  M  N  D  U  S  R  O  L  O  C  O  Y
U  F  O  X  A  V  A  S  A  N  D  S  T  O  N  E
R  P  H  C  U  L  B  W  B  F  E  G  S  B  J  J
E  K  L  H  S  E  R  K  B  O  A  J  Q  N  P  I
S  E  I  U  R  U  G  E  C  H  U  R  T  V  Z  F
S  D  X  O  S  H  P  C  D  S  V  L  A  A  R  U
J  V  D  Q  C  T  Y  I  H  N  N  F  D  M  E  X
O  E  V  Z  M  H  D  B  S  R  O  O  O  E  V  W
D  K  H  J  A  O  A  E  X  Z  I  W  B  F  R  Z
F  G  H  T  D  V  A  E  R  J  T  L  Z  B  K  S
Y  D  U  O  Q  Q  O  B  D  L  J  N  J  D  I  K
B  S  F  S  N  O  I  T  A  M  R  O  F  Z  Z  R
```

Answers on page 144.

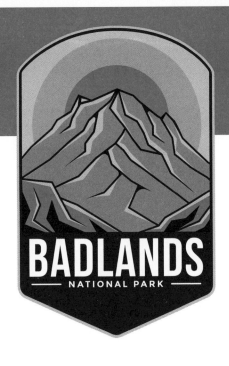

BADLANDS

NATIONAL PARK

BADLANDS	FOSSILS
BIGHORN	GRASS
BISON	LAKOTA
BUTTES	OGLALA
CANYONS	PRAIRIE
DAKOTA	PRONGHORN
ELK	ROAM
FERRET	SPIRES

P R A I R I E R T L S T K A D J
Z Z L D A D D X I N D U U N X J
F B A D S A J L K M N V H Z G V
L Q K T K P P D P S A J E X F S
M C O O F V I V W F L P P P Q E
S Y T L B P N R R X D I A O N T
K A A L A L G O E D A M S R Q T
T N R O H G I B B S B R O S P U
O B R J Q B E Z U J K H P C O B
R B Y K M I H B X C G L B W T F
J V Y X F S S W A N Z M E L T G
Y S M V E O H N O X S V V E U J
F M A O Y N Y R C S U N R H Q F
I T O O W O P T A C R R C U S K
B G R O N J Z R Q E E D H O V A
H X L S Q S G Z N F A T M T O P

Answers on page 144.

BIG BEND

NATIONAL PARK

BACKCOUNTRY

CACTI

CANYONS

CHIHUAHUA

CHISOS

DESERT

DESOLATE

LONE

MEXICAN

MULE

NOTCH

RANCH

RIO

RIPARIAN

SWELTERING

TEXAS

BIG BEND
NATIONAL PARK

D G M B W X A U H A U H I H C C
Y Y N M J U I R I P A R I A N J
C T S I E X J T Z N O T C H L A
A A O T R X O J R X E Z L P B O
C T S T Y E I R J E U O A Y U D
T X I Y E G T C R O S W Q D B E
I P H R N X M L A C O E E W T S
E Q C T T U A U E N O L D J Z O
Z H C N A R W S H W R C V M S L
T X C U A H E G Y O S C M N K A
C P M O L B L Q C V B O O I I T
D T S C V N U D V Z T Y J X O E
R Z F K X U M W A R N I M V J A
C T F C G N Q H R A E R E T B T
L Z I A N Y H J C U I V S N I P
G X D B X C R K N O K J I O C D

Answers on page 144.

BAY	MANGROVE
BISCAYNE	MIAMI
BOATING	REEFS
CORAL	SEA
DIVING	SNORKEL
FLORIDA	SWALLOWTAIL
LAGOON	SWAMP
MANATEE	TURTLES

BISCAYNE
NATIONAL PARK

```
B G Z O G N I T A O B F M F F G
S N O R K E L Y N R S O O C M M
X C U Y I Q E A F J D W B K V W
Z O I N U W I B X L P G A Q J T
E Z B I S C A Y N E O M Z M S U
B D O D I M A I M E A R K Q P R
H L A L L W J Q N N E M I M Q T
H E J F A J C Y G K T T Y D N L
S W O L T G R R N W Q D A J A E
X L I A T W O L L A W S Z N A S
M L L G O V D O A V M P P M A D
C S R S E R I E N V Q P N S T M
F X A P Q M V W O Q O S P F C P
C O R A L Q I F A Y T N T E A F
H B L E M E N J X J T L E E F V
F O E A L H G Y Z U M E N R R L
```

Answers on page 144.

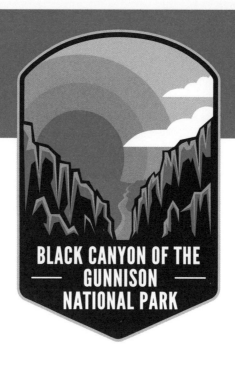

BLACK CANYON OF THE
GUNNISON
NATIONAL PARK

ASH	PRESERVED
CANYON	RIM
CHASM	SAGEBRUSH
COLORADO	STEEP
EROSION	TRAILS
GORGE	TREASURE
JUNIPER	TUNNEL
PATH	WESTERN

```
F S T N P G H T A P X X I A J X
D X E Y O M H S L I A R T Z E F
Q O Z D S Y L S Q B C H A S M Y
T Y H E J H N C O L O R A D O N
I S J V O U S A E R U S A E R T
Q C S R C L N U C D D S J V S O
Q I P E Y K E I R C E Z Z M T D
T A T S Y L R V P B U Q H V E R
E G L E H J O V Y E E Q I N E G
K G D R A P S E Q S R G R U P U
E H R P S L I P G Q Z E A G J A
J Y D O M E O B X L T K Q S C S
R Q J N G N N U S S T N Y C V H
M C Q I Y N C U E A N V M O V V
O F Z M T U V W L Z I N A T C G
D R I M N T Z H W G Q Y S P I H
```

Answers on page 145.

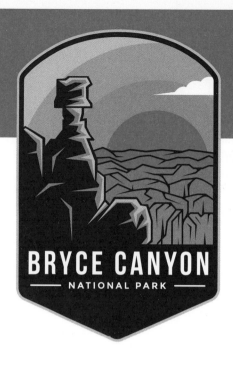

BRISTLECONE

CACTUS

KNOLLS

MANZANITA

NAVAJO

PILLARS

PINK

PINYON

PLATEAU

PONDEROSA

SKIES

STAIRCASE

STRATA

TOWERS

UTAH

YUCCA

```
N A R O F S T A I R C A S E J B
L O C W E F Q E P U F V J L W G
V L B C T C K N O C G S U E Q B
N S C E U P N W N O Y N I P E M
Z R R F E Y O L D H U K I U S O
M N Q E R P L X E J N B F S E G
T A Q X W F L I R F R U P R I V
O N N V U O S K O I P U X A K N
X U F Z U B T A S M A J T L S K
S K Z T A X X T A E O S K L R G
K T A Z M N L B T N U L O I F L
K H R B B E I A R T L K V P L T
N G V A C Y L T C H W X F O X O
S L V O T P X A A V K C K N I P
M P N P J A C S J O A F E A J X
A E D H L L N A V A J O S S E R
```

Answers on page 145.

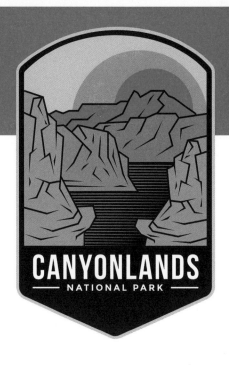

CANYONLANDS
NATIONAL PARK

BRUSH	NEEDLES
CAPITOL	ORANGE
CHISEL	PARK
CLIFFS	PETROGLYPHS
COWBOYS	RED
COYOTES	REEF
ISTHMUS	SEDIMENT
MESA	URANIUM

CANYONLANDS
NATIONAL PARK

```
C B L B Y P B Z P A S F F I L C
S A B C J E W V N W B C F V J F
J E P A E L G U K Z T W T P M I
S X D I C J U N J X P D W E B S
P D O I T E H V A V C E M A C T
L Z U K M O Q G K R H R E P M H
E R H O K E L R N S O D S E Q M
S I C R S X N F E T A M A T B U
I W A C E V L T H E U G Z R T S
H P W N L H D J Z I F R U O X V
C S H G D N B M N R L S M G X X
B F N Y E C U A D N H S V L E Y
V Y M D E P R T F G F J P Y K W
K N J U N U S Y O B W O C P P D
D Y M D X B U X U S B L A H T I
F V Q G K E Z C O Y O T E S D K
```

Answers on page 145.

CAMPFIRE

DESERT

FOLD

GEOLOGIC

HOMESTEAD

MESA

MINERAL

ORNATE

PINYON

PIONEER

REEF

SANDSTONE

SPUR

STRATA

UTAH

VOLCANIC

CAPITOL REEF
NATIONAL PARK

```
S O D L I L A R E N I M S T G O
I I E S A N D S T O N E M R T M
Y V R I B X B S M X Z V G U S G
A U I X P A S E M H D E S E R T
L U F B C Q S P U R Q A T D S E
K W P E Y S L X N P W J U N K N
H F M C Z W F O V P G C R N O O
H U A H L C K R D O I Y R R I Y
Z T C O I H F O E G L U K S P N
D Z R M T R R I O E D C T X P I
O Z S E Z N K L S Y N L A A S P
S Y A S A R O L T B B O O N H F
F X O T E E C S R D F T I F I C
J L E E G X Z S A C J C F P H C
T J F A A H S Q T T O O X D H F
J N T D E E N Z A B B V W V J K
```

Answers on page 145.

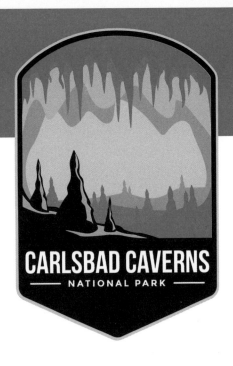

CARLSBAD CAVERNS
NATIONAL PARK

AGAVE	FORMATIONS
BATS	GUADALUPE
BIZARRE	GYPSUM
CARLSBAD	LIMESTONE
CAVES	REEF
CHAMBERS	SHALLOW
CHOLLA	SOTOLS
DARK	STALACTITES

CARLSBAD CAVERNS
NATIONAL PARK

S P Y G V H E C Y I H W W E E G
P K O L I M E S T O N E P E D A
D F A D Y W O K O N T U B U J J
J O G G V I N W Z O L U J S W X
F R A A S M L T D A R K T N T W
B M V E E E Y P D W W A F C O O
M A E B D J V A E U L S H R I L
U T T F F E U A L A P O S V D L
S I F S B G Y T C E L J R H A A
P O B Z A I M T R L Q G S R B H
Y N O E K M I R A N N E F E S S
G S K Z M T A K T J B Y J E L T
J Q K E E Z F F I A T N R F R R
F Z H S I M U V S L O T O S A N
O I R B A Y F U L K Q T L M C T
S R E B M A H C Q Z K L L S B N

Answers on page 145.

CHANNEL ISLANDS
NATIONAL PARK

BOAT	KESTREL
CALIFORNIA	MARINE
CHANNEL	OWL
COASTAL	PRISTINE
COLONIES	SCENIC
FIVE	SCUBA
ISLANDS	UNIQUE
ISOLATION	WHALES

CHANNEL ISLANDS
NATIONAL PARK

```
J  S  G  P  L  Y  S  E  U  Q  I  N  U  X  A  I
M  P  I  T  O  C  M  T  J  U  H  J  L  J  V  Z
K  D  V  S  E  R  C  H  A  N  N  E  L  W  L  G
G  L  Q  N  L  O  A  B  H  L  H  Z  X  F  O  S
Z  F  I  S  O  A  S  J  M  E  A  U  K  K  C  S
D  C  L  E  S  A  N  T  H  I  S  A  Y  O  O  F
O  U  O  L  M  E  J  D  N  N  G  C  A  G  F  N
V  F  I  A  O  A  I  R  S  X  U  S  U  Q  D  O
G  E  G  H  D  N  O  N  Y  H  T  N  O  B  M  I
M  J  N  W  L  F  H  L  O  A  I  N  H  R  A  T
U  U  N  I  I  K  E  G  L  L  J  N  N  J  R  A
H  B  S  L  R  R  J  Y  X  T  O  R  K  G  Z  L
G  A  A  F  T  A  E  N  I  A  O  C  I  F  B  O
W  C  R  S  F  V  M  O  V  O  Y  O  S  M  X  S
T  Q  E  F  I  Z  W  O  M  B  W  I  L  E  O  I
A  K  Z  F  Y  D  E  N  I  T  S  I  R  P  N  V
```

Answers on page 146.

BOARDWALK

BOTTOMLAND

CAROLINA

CEDAR

CONGAREE

CYPRESS

DECIDUOUS

EASTERN

FOREST

GUIDED

HARDWOOD

HUMID

LOBLOLLY

PICNIC

PRISTINE

SWAMP

CONGAREE
NATIONAL PARK

J K P P D D G U X T D A V P Z O
E W L R S S W A M P V I V A X B
J Q G A Q J P S D T G W M Z V C
Q T I B W H M W S E D J Z U V Y
G D A H U D W E Q O G S K A H P
D U Y A Y T R Q D F L D K B R R
D D I R F O K A C O N G A R E E
C N M D F P S U O U D I C E D S
G A R W E U D B N B V Y P R S S
P L R O B D C B U C S R N E E P
C M U O S U C I T Z I R A D E C
I O C D L G J Q P S X S G X D H
N T M H S I R W T D T L V L Z I
C T I G C Q N I D E K I T F B Y
I O E L L K N A R Y J M L X I E
P B R Q Z E H N Y L L O L B O L

Answers on page 146.

CRATER LAKE
NATIONAL PARK

ASH	MAGMA
BOBCATS	OREGON
CINDER	PIKA
CLIMACTIC	PORCUPINES
CRATER	PRECIPITATION
DEEP	PUMICE
DESERT	TIMBER
EROSION	VOLCANO

L D P H S E V W H R T G P H H C
G H U D Z N T I M B E R P E W L
V O X I P Z B D B Y S R S L K I
P O R C U P I N E S E T I K U M
N Z Y J M V T H Z C A H B G D A
O N T J I K G W I C G C A F L C
I X D H C E V P B F B W G M Y T
S P S F E U I O W T R E S E D I
O A W D C T B Q W V Y O G U K C
R L T D A H N A Q C O G Y R J A
E N I T E O G G R W R L X X K F
C Q I U G E R E C Z L E C D H D
H O Y E H M P L C B G P T A G O
N I R O S R E D N I C I N A N P
A O Z L J O Y Q E G L K G J R O
L M A G M A H P J H L A H Y A C

Answers on page 146.

CANAL	RACCOONS
CUYAHOGA	RAILROAD
DEER	RIVER
FORESTS	STREAMS
LEDGES	VALLEY
NATURAL	WATER
OHIO	WETLANDS
POLLUTION	WILDFLOWERS

```
N  H  J  F  S  D  Q  P  H  X  C  D  O  Y  F  G
D  J  G  R  O  A  Y  K  O  A  W  I  E  R  G  K
S  U  O  U  V  O  I  T  N  L  I  E  E  E  Z  L
V  K  O  A  Z  R  A  A  A  S  L  P  K  J  R  U
C  M  I  X  J  L  L  I  G  M  D  U  V  K  Z  T
F  R  P  J  C  I  Z  H  O  A  F  Q  T  K  M  X
W  A  T  E  R  A  X  S  H  E  L  K  S  I  I  Z
T  R  T  B  D  R  R  T  A  R  O  D  J  N  O  D
Y  L  S  O  L  T  M  S  Y  T  W  T  R  A  A  N
M  Y  I  D  B  S  N  N  U  S  E  B  I  T  R  Z
Y  H  E  V  N  O  T  X  C  M  R  Y  V  U  R  K
O  J  H  L  O  A  Q  S  P  R  S  V  E  R  O  I
I  S  G  C  L  P  L  M  E  I  H  T  R  A  A  H
O  A  C  Y  C  A  B  T  W  R  Q  G  N  L  T  E
P  A  F  N  B  N  V  O  E  I  O  Y  P  D  R  F
R  O  S  E  G  D  E  L  P  W  M  F  Y  J  V  P
```

Answers on page 146.

DEATH VALLEY
NATIONAL PARK

ALLUVIAL	HOTTEST
ARID	LOWEST
CALIFORNIA	MINING
CAMPS	MOJAVE
COYOTE	PIONEER
DRIEST	STARK
DUNES	TRAILS
HAUNTING	VALLEY

DEATH VALLEY
NATIONAL PARK

D C S M S D V W N P P B N X L Z
G O O B O I R C C L B A J T R F
N Y J F R R X E Q L H Q W Q G R
I O J C S A C C E T O V Q N S O
N T C E P S A A T N F W I X D U
I E N Q E M L G L X O T E O I U
M U N N P D I P F L N I M S W A
D T R S S D F Z S U U O P K T F
U S H A T E O D A M J V I V M V
Z E V U A J R H A A R R I C J D
R T F R R W N H V Y E L L A V U
O T H P K L I E K N V V T W L V
Z O F M D I A U T R A I L S H X
A H V Y T U L G E L A Y O N J Y
R L X B K E B P L S K H C H T B
X F G T S E I R D Z S D K X L N

Answers on page 147.

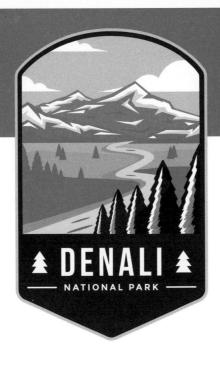

ALASKA   INTERIOR

ALTITUDE   MOOSE

BOREAL   PERMAFROST

CARIBOU   RANGE

DENALI   SKI

GLACIERS   TAIGA

GRANITE   TUNDRA

GRIZZLY   WEDGES

DENALI
NATIONAL PARK

```
M S E G D E W Q E Y W E Z X R S
L Z R D E N A L I M Y V I B R J
W A I D R A N G E Q K U X E I G
L X E U A V P F C X I T I C I C
A P E R M A F R O S T C H G K D
L O I N O W H A D Q A W S R S F
A M V T H B G O A L T T E P N W
S Y U C I U Q P G I I A C M Q I
K L A Z T D O B L N J I A X R P
A Z U L C R Q B V T Q G R G F R
O Z R O T H R P I E P A D Z V X
Q I R Q E I O N Q R V B N U Q E
Y R Q A F D T G S I A S U P S I
O G U A M F Q U R O K C T O E U
J N E Q I L Z E D R A M O J K L
C E T I N A R G D E X M F T W F
```

Answers on page 147.

DRY TORTUGAS
NATIONAL PARK

ARCHIPELAGO	KEYS
ATOLL	MANGROVES
BIRD	MARINE
CORAL	REEFS
DIVING	SHIPWRECKS
FLORIDA	SUBMERGED
ISOLATED	TORTUGAS
KAYAK	TROPICAL

DRY TORTUGAS
NATIONAL PARK

```
S A G U T R O T E N N R M G L T
S I M A N G R O V E S P V A R W
F S K C E R W P I H S I R O L X
E F E M Q G S V K S E C P T F O
E Z A M N Y O D U K H I J T X F
R L Q I D H Q B K I C J B C Z L
R B V N J E M B P A X R Z N V H
Z I Q H C E T E L K A Y A K G A
D R B I R O L A L A K D O X J D
Q D F G R A R Q L E K U W L N I
Q R E P G F E A Y O T Y O I C R
P D C O M N N S L O S P I W W O
P Z E Y I K M J R A X I D L U L
Q O E R L S L I X E B A C I L F
Y V A M O X K H B V V A T O L L
E M C S X K E T O Y D B I V I M
```

Answers on page 147.

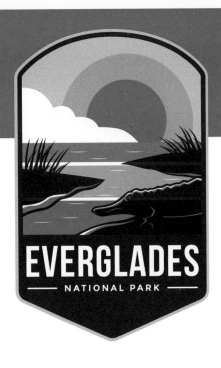

CROCODILE

CYPRESS

ESTUARIES

EVERGLADES

FLORIDA

HABITAT

HAMMOCKS

HERON

HURRICANES

MANGROVE

RARE

SPECIES

SWAMP

TIP

TURTLES

WADING

EVERGLADES
NATIONAL PARK

U Q C U U G F A O L D Z Y O E K
Y W T S K C O M M A H S Q E A W
E S N I R G N I D A W S X I O L
E V Q N P K A S D D E L J T T Q
L F E N H S A I J I G S O K D Z
I K J R J M R K R U H P R H D B
D Z S S G O J A J A G E S U I I
O S C E L L U K B V E C S R H V
C C E F L T A I G P B I E R R D
O S L V S T T D J G E E R I A O
R O K E O A R Y E W G S P C R C
C D C N T R S U X S S W Y A E D
V N U C I W G K T B B T C N J J
I N E R A S L N F V X B M E T T
W C W M A B U U A V L Z Z S G R
W C P H Y Z U T S M A H E R O N

Answers on page 147.

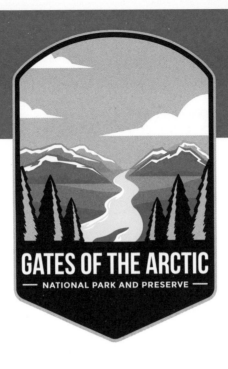

GATES OF THE ARCTIC
— NATIONAL PARK AND PRESERVE —

ALASKA	MARMOT
ARCTIC	MEADOWS
AUSTERE	MUSKOXEN
BIRCH	OSPREY
BOREAL	RANGE
BROOKS	SPRUCE
CARIBOU	TERN
FROZEN	TUNDRA

GATES OF THE ARCTIC
NATIONAL PARK AND PRESERVE

```
R R M D X Q T O M R A M V V Z W
U X T N F K M C A R I B O U H X
Z D T J E C D T S S W O D A E M
Q B T K X X S Y Y P A Z I X A W
O K R J S Y O P K J R E I U U F
S M C O Q P A K R N Y U S V T Q
P J K H O R F O S L Z T C U Z H
R G H Y D K O G A U E M D E O A
E G U N P W S G A R M P G T R G
Y R U B H X D T E G N N E C T W
J T D L C N B E B V A R T V B A
F C Z J R E O C N R N I P Y B N
H S Y D I Z R P Y I C S O C K U
G F T Z B O E R Q A L A S K A D
P L L Z R R A V W J R A W U V C
G I K M V F L A J Q Y K U Q D C
```

Answers on page 148.

GATEWAY ARCH

NATIONAL PARK

ARCH

CATENARY

CIVIC

EXPANSION

GATEWAY

JEFFERSON

MEMORIAL

MISSOURI

MONUMENT

ORIGINAL

PIONEERS

PURCHASE

STEEL

TALLEST

TERRITORY

WEST

GATEWAY ARCH
NATIONAL PARK

```
O L Q R Q L A N I G I R O Z P Q
B X N S C A T E N A R Y J A H Q
Y K J U P D T F S R E E N O I P
G F T X N U M A H J B C W E S T
M I L Z G A T E W A Y V X L H K
E M R Z W T K F K W L W E D J F
M V T U N B N I Y B E H A X E J
O T L E O E L E U C T D P C N N
R A A E R S P G M J S Z A O C O
I L R Z E R S U U U M I S A I I
A L J A X T I I R G N R C K V S
L E Q L N X S T M C E O P O I N
A S T H C R A M O F H G M F C A
C T K L Z R D C F R H A K T U P
Z F Y Z Q N G E Q X Y P S M F X
K W I K A Y J V V F V B I E K E
```

Answers on page 148.

ALPINE	LAKES
APEX	LYNX
BLACKFEET	MEADOWS
CANADA	MORAINES
GLACIER	PRISTINE
GRIZZLY	RUGGED
JAGGED	THAW
KALISPELL	TRANQUIL

GLACIER NATIONAL PARK

P T C O C Y B K J V X F F Y J B
K M X H B L A C K F E E T S T Q
K E O P O Y K R M Q P O C K A J
T V S R J N F K W P A V A L H Q
J M U I A O B A N B H L P O M Z
A T E S U I H M D T I I O W Z C
G B G T R T N X F S N D L M D A
G V I I T F Q E P E U F L H T S
E A A N Y A S E S R E I C A L G
D C D E L N L W I Z U K L A S P
P B A T Z L J W O Q Q D N P Z L
F B N P Z W A F N D L A K E S Y
I L A S I F Z A S P A E H I P N
X I C Y R S R H T Y U E I K A X
X L W N G T C Y M Z F U M W V Y
Z U Z D E G G U R Q Z E Z H J X

Answers on page 148.

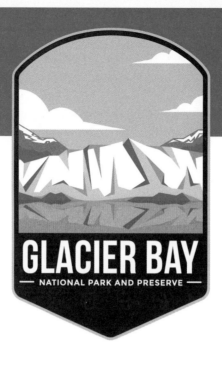

ALASKA

BARREN

BEACH

COASTAL

COOLIDGE

EAST

FOREST

ICE

JUNEAU

MARITIME

MASSIVE

PEAKS

ROCKY

SAILBOAT

SOUTHWEST

TIDEWATERS

```
S J S N Z E M E M G T X B T Y C
Y M U M T Y S A M S R R O A L P
Y O V N Y I S Z E I G Y C O W H
B G E N E S D W Y N T U I B K X
B Y C E I A H E U M X I T L G G
P E I V X T U K W Z N S R I K X
B P E F U H O K I A A Z W A Z C
C Y T O N O L U X E T C E S M P
L R S G U O P E A K S E C K I A
R D E R C O A S T A L Q R D G L
V D R R E E G D I L O O C S M A
B A O I P R B M N E R R A B J S
N E F J Z O P K J J O R P E M K
U I A F G C V Q B K M H Q E F A
U X U C J K C T U X V U M U P N
R F S N H Y R I C Z E E A B X B
```

Answers on page 148.

GRAND CANYON
NATIONAL PARK

ARIZONA	PACK
CANYON	RAFTS
COLORADO	RESERVATIONS
CONDORS	RIMS
DONKEY	SUNSETS
KAIBAB	TOUR
NAVAJO	VAST
NEVADA	WHITEWATER

GRAND CANYON
NATIONAL PARK

```
H X H Q Q V Q W W A X O J L H Z
I E L X H O K V Q H N K I O I C
F F R R J B V Q Q E D O C N Q D
E X H C Z H G O N W G W Z A I B
Y D O N K E Y A U D O K B I P P
S N O I T A V R E S E R D F R W
B C R J P A C O L O R A D O H A
A L O C J R F P P U V X K I J N
I Y E O O H U Y O O V G T A K T
C I N N G D S T S K R E V E A S
V L O D C O M U R H W J F T I A
R M Y O L E F P N A E R G Y B V
A F N R O Z C T T S R Q I F A W
F U A S W H X E P E E R P M B J
T G C S Y H R N J Z P T A C S M
S C N M N E V A D A W O S D Y I
```

Answers on page 149.

ALPINE

BISON

ELEVATION

FISHING

HIKE

ICONIC

LAKES

MOOSE

OVERLOOK

PEAKS

RANCH

SNAKE

TETON

TRAIL

TRANQUIL

WYOMING

GRAND TETON
NATIONAL PARK

```
P N O S I B T A N K R C S B X D
B D H C N A R G E L M A N X V Y
K Q N Q N F M K G N I H S I F C
H O O M V L A O W U Z A N D V C
O I T H O N V O I A T O R C U I
P L E M S O H L U F I N M T I C
L D T S P C S R W T A H G L B O
F I W U L P E E A K S H K W W N
N J U O I H X V J P A G X Y E I
T S U Q X S E O H S Q P O M Q C
Y E X C N L D I X D K M L U T O
Q K J N E A K S G V I A C W M C
E A Q N C E R Z K N K G E E R L
P L S D N Y J T G Z V M C P B G
S P A L P I N E L T M H B P I U
Y B U H Z Z U Z K V B C X K J N
```

Answers on page 149.

BASIN	OVENS
BRISTLECONE	PRESIDENTIAL
CAMPGROUND	SAGE
CAVE	SALTBUSH
FOOTHILLS	SKIING
GROVES	SOLITUDE
MARMOTS	STARGAZING
MICROCLIMATE	TROUT

GREAT BASIN
NATIONAL PARK

```
J X T F E D U T I L O S P S C I
P Q M S Z F S U Z R R Q M S P X
H W X T T E V L K K V A A P T S
K S Z D V A C A V E R G K I B A
V J U O V K R J Z M E S A P R S
K H R B S Z V G O A E N R B I L
S G B C T A O T A D L E R N S L
D K H N S L S N N Z S V I Y T I
I Q I X Z G A U I I I O X L L H
L F F I Y A O S D S A N R J E T
P L E Y N R Z E X N A P G G C O
O X O Q G G N M H L I B D Q O O
K J N P E T H Q B W F G U G N F
B X M G I K X Q I D F M Z A E F
S A B A M I C R O C L I M A T E
C J L P U Z T U O R T Y D A L S
```

Answers on page 149.

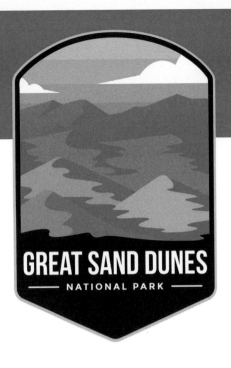

GREAT SAND DUNES

NATIONAL PARK

ALDER	FORESTS
APACHES	GRASSLANDS
ASPEN	GROUSE
BIGHORN	PRONGHORN
COLORADO	RAPTORS
COTTONWOOD	SETTLERS
DOGWOOD	TALLEST
ELK	TUNDRA

GREAT SAND DUNES
NATIONAL PARK

T F R I S D T I I G O A S P E N
L O O S N U T R R V Z I Z B X H
A C M R N S A A K E K E H W K P
Y H I D E P S W E B Q O X C J D
Z V R L T S P R O N G H O R N O
A A L O L G T E Z Z C C T G V O
X A R A P N H S O E Y D F U P W
T S N B E S U O R G U V A E Y G
J D O N R O H G I B P I B Z I O
S V D B I D O O W N O T T O C D
Y C C A T A D S X B R V Z B S H
X O F K C O L O R A D O K K Q C
W T A Z B Q P D V F Q C L A X X
S R E L T T E S E O K E U B X N
C D A P I J U R I R C V G Y A L
O W E F V Z T A P A C H E S D V

Answers on page 149.

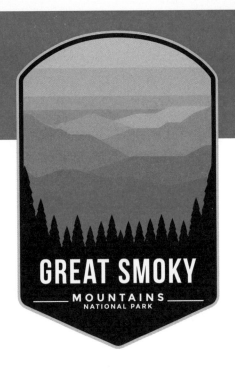

AMPHIBIANS

APPALACHIAN

BEAR

BEECH

CAROLINA

CHIPMUNK

CONIFEROUS

DIVERSITY

OTTER

PEAKS

RIDGES

SALAMANDERS

TENNESSEE

VALLEYS

VISITED

WOODCHUCK

GREAT SMOKY MOUNTAINS NATIONAL PARK

```
O K W H O G E X Q R S G W M L P
P V N V I S I T E D N E Y T M V
S N A I B I H P M A E B C C S M
A N R V S R D T P S B A L T K W
G A Q I O R E I S O R H A L A O
G I V X D J E E V O M T T V E O
C H A D S G N D L E V G C L P D
E C L E O N E I N M R O W C C C
M A L C E T N S B A N S W A M H
X L E T P A T J X I M A I D O U
I A Y F N R L E F W G A I T B C
K P S B N X P E R A W H L V Y K
D P T L A R R N G N W I W A N A
N A U X A O S P L G Y J I U S M
V J D E U K K N U M P I H C M V
L E B S B E E C H X T B C H G S
```

Answers on page 150.

ARID

MESCALERO

CHIHUAHUAN

PECOS

CORRAL

PINYON

DUNES

ROADRUNNER

FIR

SCRUB

FRIJOLE

TEXAS

GUADALUPE

TRICKLING

MANZANITA

ZIGZAG

F K M G M P W D F E Y W U W Z Q
M O O T Q Z O R S H L H R A J Q
B E U J L Z I G Z A G D I R A A
D Z S D S J G Q M J J R M E F L
N E R C O W C H I H U A H U A N
I B P L A T F Z Z I I T I D O D
V W E U P L S O C E P I K R D J
Q J D C L I E R L S X N O T J V
H P O U Q A R M C W A D R C K
S M K L N F D Y O Q D Z I I E L
A J B P U E F A O R W N V C K A
X T M U R I S E U N I A J K W R
E K P K R H H N T G V M O L X R
T D R K F C N P T Q C C R I I O
Q Y A Q Z E S W X B S J S N A C
O W I N R X Z U F I M L V G M F

Answers on page 150.

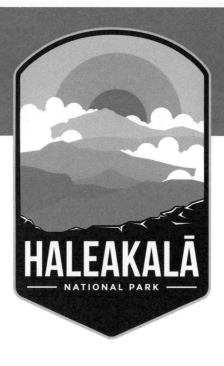

HALEAKALĀ
NATIONAL PARK

CLOUDS	MAUI
COAST	OCEAN
CRATER	SHIELD
DORMANT	SUMMIT
ENDEMIC	SUNRISE
HALEAKALĀ	VEGETATION
HAWAII	VOLCANO
ISLAND	WINDBREAKER

HALEAKALĀ
NATIONAL PARK

```
S U N R I S E A H T F Z K K F Y
L S E G C E E B S A S L U J V Y
U U Y C I W N S B I D A M V B F
J M N F Q H M L I U X W O O O W
D M T H O S G T A O M I C C N E
I I Q H V E G E T A T I O N W J
S T M O N A C L O V F I Z I T E
L M H D Q C E P H F I X N N G L
A F A M C I E U I A U D A X R U
N C L Q J M R E W N B M Q L X N
D I E T B E S A M R R H J A P N
O Z A G Q D H A E O D K P D L A
D E K Y U N Q A D S H I E L D E
V P A O B E K R E T A R C X Y C
J L L S F E Q X L P D O K O L O
E C Ā A R Q U G U P I U A M G B
```

Answers on page 150.

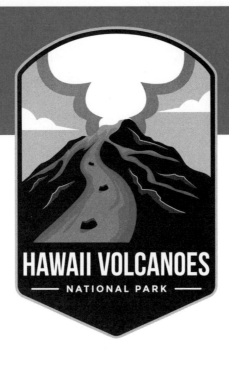

HAWAII VOLCANOES
NATIONAL PARK

ACTIVE	LAVA
ĀINAHOU	MASSIVE
ASH	PELE
CALDERA	RAINFORESTS
EXPLOSIVE	SCALDED
FOOTPRINTS	SHIELD
KAHUKU	SPEW
KĪLAUEA	VENT

HAWAII VOLCANOES
NATIONAL PARK

```
M K L B B J J G C A G L Y X D J
Z O L B E V I T C A D L A V A X
R A J S U O H A N I A S E X S A
R L Z N F X M Z T O C K C D P A
S T S E R O F N I A R Z F K F R
P C K M W D E U L D I T F R W E
Y Z A A L K V D Z U T O X E N D
M I H S W T E P D P O N P L K L
U R U S D D K E N T H S H S K A
U I K I M T E X P L O S I V E C
X H U V I E O R Z B Q D G T U B
M J S E Q S I H X P L F G N L N
S I J A Y N P A V E R K L E D A
J Y F C T E Z D I K H J J V X R
Y R F S L G Z H V S S I M A V V
O C W E V U S F G K I L A U E A
```

Answers on page 150.

HOT SPRINGS
NATIONAL PARK

ARKANSAS	JUNEBERRIES
BATHE	MEDICINAL
BATHHOUSE	MINERAL
COPPERHEADS	OUACHITA
GARLAND	PERSIMMONS
HEALTH	QUAPAW
HICKORY	SPA
HOT	WATERS

HOT SPRINGS
NATIONAL PARK

```
E  S  U  O  H  H  T  A  B  B  H  E  A  L  T  H
D  N  A  L  R  A  G  S  P  A  S  P  H  C  F  K
S  Y  G  V  Z  X  U  E  H  T  A  B  I  O  R  W
M  T  M  X  N  W  L  N  F  N  C  H  C  P  Q  B
G  A  R  K  A  N  S  A  S  H  G  W  K  P  N  A
Q  J  B  V  L  B  J  N  O  M  C  X  O  E  J  T
S  S  U  M  A  G  Y  T  P  H  P  Z  R  R  T  I
J  U  N  E  B  E  R  R  I  E  S  M  Y  H  S  H
J  A  C  O  I  N  X  B  N  B  E  H  L  E  Q  C
H  M  C  W  M  V  C  Y  Y  D  J  J  A  A  Y  A
B  J  W  A  K  M  R  N  I  M  S  G  R  D  T  U
I  R  A  P  Y  P  I  C  C  I  O  P  E  S  Y  O
C  I  T  A  Z  G  I  S  E  E  G  M  N  V  Z  A
M  B  E  U  G  N  G  O  R  Y  Q  L  I  S  N  V
D  R  R  Q  A  I  E  F  W  E  F  E  M  N  G  S
A  O  S  L  M  H  Z  Z  H  F  P  R  A  N  V  F
```

Answers on page 151.

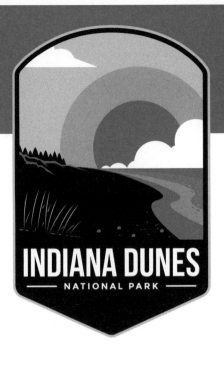

BEACH

PICNIC

BIRDS

PRAIRIE

BOGS

SANDY

INDIANA

SAVANNAS

LAKESHORE

TERRAIN

MARSHES

WAVES

MICHIGAN

WETLANDS

OAK

WOODY

```
I K W H C A E B W H L E U P J X
D P B A W D Q T G X D S D M L P
G N P Y V C Z P D U V P P X R L
D E C T W E V R W G T F X W F J
H R W M V E S O W P R A I R I E
N O P A Y N I D K K F Q R O Z W
N H M R B K A O N S A S W J S M
I S Q S N O G P D A A A M Q N F
A E W H X V S R I N L I G H U Y
R K R E E C I G D N C T W E N D
R A Q S W B I Y O H D Z E N Y O
E L V T O I G N I B R I W W U O
T X D F C E R G C R P J A A F W
S A N N A V A S L I S Y L N T J
E N R E L N Q D N C P Y Y M A K
Z O O J N M N S W U J B E R F S
```

Answers on page 151.

ISLE ROYALE
NATIONAL PARK

BALSAM

BEDROCK

BOREAL

CANOE

COPPER

ERMINE

ISLAND

MICHIGAN

SNOWSHOE

SPRUCE

SUPERIOR

TROUT

UPPER

WHITEFISH

WINDIGO

WOLVES

N E L M A S L A B J W G R I D V
D Z N S A X E K F W G P T Y S W
D P F I R T C O P P E R D S T O
V C D E M L T V Y P E Z Y R W M
Q J K M E R R E P P U X C W X I
Y W E W O C E S W R O R I D O C
E O D U S U P E R I O R O N V H
C L T N W R S S Y I I G Q A L I
J V C B U B N J K L I H S L A G
H E U C W O E K C D Y I U S E A
T S E U W I R D N T G H F I R N
W J M S P S M I R R Z E J N O B
O X H A N Q W Z M O W W O J B E
F O P M J J F N H N C A H N X F
E F B I A U T W L O J K M S A Z
W R H S I F E T I H W E N A T C

Answers on page 151.

CACTI

CALIFORNIA

CHOLLA

COLORADO

CREOSOTE

DESERT

FAULTS

GRASSLANDS

JOSHUA

MESQUITE

MOJAVE

MOUNTAINS

RATTLER

TORTOISE

WIND

YUCCA

JOSHUA TREE
NATIONAL PARK

```
B F E O N Z X E Q T S I R C D H
B A D W P H D L F V F C A N S Z
O J V G I K R R B J R J I D F C
U S F F U S E T G E W W N G F F
L L N I V L L F O Z Y A R T A H
O I Q I T S I S D C L G O O E B
T H V T A Y O F Q S J Y F R H Y
J A A A P T K G S D X U I T O P
E R U L E Z N A P T K C L O P O
W T H L A G R U D H C C A I R C
M L S O L G W Z O P J A C S D M
U G O H A S C N I M S Q I E K Z
D E J C N S O D A R O L O C G A
C A C T I R Z A L R S T L U A F
Z C T R E S E D P G M O J A V E
M J Q N M E S Q U I T E F W A R
```

Answers on page 151.

KATMAI
NATIONAL PARK AND PRESERVE

ALASKA	KATMAI
BEARS	MINK
CARIBOU	OIL
CHAR	PENINSULA
CONSERVATION	SALMON
FOX	SNOWY
FUMEROLES	STRATOVOLCANO
HUNTING	STREAMS

KATMAI
NATIONAL PARK AND PRESERVE

```
R D Q F X V S S M A E R T S R Z
H E E K S A L M O N Z Y C R Y I
O Q I E R R G L K N I M F Y P T
R N N O I T A V R E S N O C E T
E A A H Q H U K M T H M D R N F
B E H C J M A K N Y V D U W I I
J E X C L L R O A Y R O X B N Y
A M W U A O K T W T B Y I E S O
O K C S V M V O B I M Q C R U V
K Y K R G N N O R B C A U I L T
X A P A N S Y A T B Z A I B A W
E T W E I E C V M A Z Y P M Q M
S S M B T I F U M E R O L E S O
M R Y Z N C F O X Y Q T U B I Z
L W X R U T P T W C N Z S L Y A
V N P O H Q A Y B B Q G T D J W
```

Answers on page 152.

KENAI FJORDS

NATIONAL PARK

CHERT	KENALI
CROWBERRY	LICHENS
ELDERBERRY	LUPINE
FIREWEED	MOSSES
FJORDS	OCEAN
FROZEN	ORCA
HUMPBACK	PUFFIN
ICE	TUFF

KENAI FJORDS
NATIONAL PARK

```
H M C E N Z R L W M P A K M Y P
N S C Z F J O R D S O P W R Y U
U I E X S Q D L K K T S R N V F
W R E Q J V M P T F D E S E A F
H D U L N F F H U R B V Z E T I
T R S C D R Y I T W E K O N S N
S U P G O E L M O W E H E I M O
K A Q Z J A R R B N O U C P R D
L C E J N H C B N F R G N U T E
H N A E S M S N E H C I L L A E
Y I K B H P K O K R A T E Q G W
Y W E Y P O L W C U R Q U E U E
P Z T V D M Y V N M Z Y U F I R
B O U J Z N U G U O G Y E C F I
J Y U L U L B H D L P B T W H F
Y W O V V Q V Y O C E A N I A Y
```

Answers on page 152.

KINGS CANYON
NATIONAL PARK

CEDAR	OUTCROPPINGS
DOME	REDWOOD
FORK	SEQUOIA
FROST	SLOPES
GRANITE	TALUS
GROVES	TARNS
KINGS	TOWERING
MORAINE	WEATHERING

KINGS CANYON
NATIONAL PARK

```
A T L N W E A T H E R I N G B L
I O N X I F F X E E T M H K U F
O W N Q O Q I R T N Q W U B O O
U E I J H L D I P R I X S U O R
Q R C O W P N T Q E W A T A V K
E I E B R A B J A H S C R X T E
S N D Z R E G G Q P R N Q O V D
W G A G X R D S Z O W S R V M D
Y W R K W J S W P R Y M X A V M
B J U V L U Q P O D O M E K T C
G K O J L X I U H O F K E A C U
G R X A Y N X Q X J D E I O M B
Y Y T O G T S O R F H J O N J G
D T B S Q S E P O L S R O U G H
U S N N N Q S S D G R O V E S S
Y T R Q K X N F Z P X Y N K J M
```

Answers on page 152.

KINGS CANYON
NATIONAL PARK

ANCIENT	SEEDS
CLIMATE	SHELLS
CONE	SQUIRRELS
CROWN	TIMBER
GENUS	TREES
GRANT	WAWONA
MUIR	WILDFIRE
ROOTS	ZUMWALT

KINGS CANYON
NATIONAL PARK

```
G Z D E F M K W E J S K A Q D K
E W E H E N F P U N O V F N K T
Y M X T R M W S L L E H S V L S
V M J I A A S J Z Y U K W A E J
V B U A W M X T V P V J W E L T
R M M O N I I B O I X M R Y U I
Z O N L P L L L U O T S F X S
G A J C W O H D C Z R J T E G S
F R H H Q C P C F D J A U E Z Q
T X A K N T R Z K I T P N I Z U
I V H N F N I O S S R U G B U I
M J M A T E M E W U S E S T C R
B V B U I I L N H N O P E R U R
E Q N N B C B O C T M R E B R E
R P T Z D N O C I X T T D W G L
N J O L R A I J P S L F S B S S
```

Answers on page 152.

KOBUK VALLEY
NATIONAL PARK

ARCTIC	MOOSE
BARRENS	MUSKRAT
BOREAL	RIVER
CARIBOU	SALMON
DUNES	TAIGA
FAUNA	TUNDRA
KENAI	TURNAGAIN
KOBUK	WINDS

KOBUK VALLEY
NATIONAL PARK

```
G T B O U O S S B U D B T O F Y
Y X Y O C G U A T B E A D B K O
D U N E S W R A U V H R O X J Q
I U E G U C I K V T A R G N V H
O L Q C T R G E A V A E A E U I
J A Y I Y S I R O C G N T A Z T
G E C A C E K V K W I S B A J C
B R S C R S W K E S A M J I I W
J O U P U D I O P R T L L A M F
T B V M F H N B K C M O N V K J
G R I A F Q D U K C A E I U P C
D L U M E C S K T B K R G H Z H
P N T U R N A G A I N S I Z U F
A Q F E T J R N O M L A S B O D
B Y I I K X R D J M O O S E O V
J W S N S R F Y E W D G S C G U
```

Answers on page 153.

LAKE CLARK

NATIONAL PARK AND PRESERVE

ALASKA	FROST
ATHABASKAN	ILIAMNA
CHIGMIT	KVICHAK
CHINITNA	LAKES
COVES	NEACOLA
CRAGGY	PACIFIC
FJORD	TURQUOISE
FLOAT	VOLCANIC

LAKE CLARK
NATIONAL PARK AND PRESERVE

```
G  J  A  N  M  A  I  L  I  U  N  X  X  F  N  B
Y  M  Z  L  A  W  V  H  J  A  S  F  X  G  A  U
K  C  H  I  G  M  I  T  K  C  C  N  Y  L  G  T
Z  M  T  S  H  J  A  S  N  U  I  K  O  G  J  K
T  I  K  S  S  R  A  S  V  D  L  C  S  X  X  A
L  N  C  O  O  B  Y  F  B  T  A  O  L  F  L  R
Q  A  X  I  A  R  C  J  H  E  I  W  E  A  A  C
E  I  K  H  N  Y  F  O  N  W  C  K  S  X  A  O
E  Z  T  E  T  A  P  R  V  S  K  K  I  I  K  V
F  A  D  J  S  P  C  D  N  I  A  Q  O  X  D  E
C  M  H  V  C  A  Q  L  T  Y  H  B  U  C  W  S
Q  H  M  Z  P  C  E  C  O  X  C  R  Q  E  H  G
H  J  M  O  U  I  P  J  X  V  I  H  R  S  I  F
W  U  E  J  A  F  B  G  L  Z  V  S  U  L  X  I
A  N  T  I  N  I  H  C  U  Q  K  U  T  O  N  Q
I  H  D  O  C  C  K  O  W  S  C  R  A  G  G  Y
```

Answers on page 153.

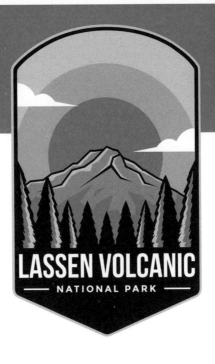

LASSEN VOLCANIC
NATIONAL PARK

ASH	MAGMA
BUTTE	PEAK
CINDER	PLATEAU
DOME	PROSPECT
HYDROTHERMAL	SACRAMENTO
IGNEOUS	SHIELD
LASSEN	STEAMING
LAVA	SULFUROUS

LASSEN VOLCANIC
NATIONAL PARK

```
S  L  B  Z  E  T  T  U  B  E  K  L  A  V  A  F
A  W  O  D  F  L  A  V  E  P  O  P  C  E  X  K
C  M  Z  O  M  X  H  S  E  K  D  T  X  M  T  K
R  J  I  M  U  V  F  A  R  R  F  C  E  V  T  M
A  I  S  E  O  B  K  E  D  W  U  E  E  R  L  T
M  E  T  U  C  K  D  R  G  Y  S  P  D  Q  A  A
E  B  U  B  L  N  G  N  J  Y  Z  S  Z  Q  S  K
N  S  R  G  I  F  I  Y  S  I  O  O  S  G  S  T
T  K  V  C  O  M  U  G  V  H  H  R  Y  L  E  M
O  V  T  C  A  E  K  R  G  X  I  P  Z  C  N  P
W  E  K  E  H  Y  D  R  O  T  H  E  R  M  A  L
Z  C  T  A  K  U  O  T  J  U  I  P  L  A  I  W
O  S  Y  E  M  H  L  N  O  Y  S  R  W  D  Q  H
H  M  D  B  Y  G  X  U  E  A  N  R  H  L  E  J
J  P  L  A  T  E  A  U  U  U  S  N  N  W  L  A
S  U  O  E  N  G  I  M  C  I  D  H  D  L  H  X
```

Answers on page 153.

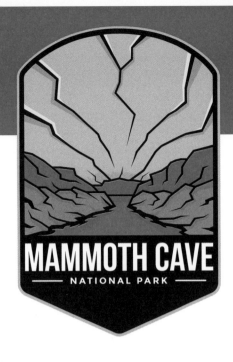

MAMMOTH CAVE

NATIONAL PARK

ADAPTATION   PASSAGES

CAVE   ROPPEL

CRAYFISH   STALACTITES

HERITAGE   STALAGMITES

HILLS   SUBTERRANEAN

KENTUCKY   SYSTEM

LIMESTONE   UNDERGROUND

MAMMOTH   WALLS

MAMMOTH CAVE
NATIONAL PARK

J E S J D N U O R G R E D N U A
R A T K K L P K E N T U C K Y U
S A A N M Y I R T E V A C W D S
L H L Y A P S K W Z G R W T B W
L E A H M E G P F T K S C C M G
I R C Z M I N G A W U T L E Y S
H I T G O A Q A N S L F T L T C
O T I N T L D C R I S S G A A T
K A T T H B R A M R Y A L K J W
J G E M Y A R E P S E A G J C H
E E S Q Y W S O O T G T I E S O
E V P F Q T Z C P M A L B W S R
J W I D O E Y L I P N T L U Y J
X S K N B U I T V H E O I T S J
H L E N H G E K T R N L M O S Q
N Y S U Q S F R L L P O E V N K

Answers on page 153.

MAMMOTH CAVE
NATIONAL PARK

BATS	KENTUCKY
COPPERHEAD	LONGEST
CRICKETS	PASSAGES
DOMES	SALAMANDER
DRIPSTONES	SINKHOLE
HALLS	SYSTEM
HUGE	TOPOGRAPHY
KARST	TOURS

```
E Z P A S S A G E S J J V Q D L
G C T F S H A L L S B C V W D Z
S O G R S W D N Y T A C Y A S T
U R X B V R G R S C E H E U Z Z
R E Y R K J U E I T A H O Y I J
X D A Y D E G O L P R K F K G X
H N V C H N N L T E S R H F F U
D A L Y O P B T P M E T D S D W
O M U L X J A P U G B D O I J C
M A H B E T O R U C W I C N M R
E L M U A C B H G C K H N K E Q
S A E I M T X K F O X Y Z H F S
N S T L M T S R A K P A Q O K Q
O V S S T E K C I R C O B L T C
P E Y W K D W P T B J A T E T F
V B S U L L R V A M O R R E T S
```

Answers on page 154.

MESA VERDE
NATIONAL PARK

ASPEN	MESA
BUILDINGS	MONTEZUMA
CHAPIN	POTTERY
CLIFF	PREHISTORIC
CLOVIS	PUEBLO
COLORADO	ROADS
CORTEZ	WETHERILL
GOLD	ZONES

MESA VERDE
NATIONAL PARK

```
I  B  P  Y  I  A  A  M  U  Z  E  T  N  O  M  X
P  O  T  T  E  R  Y  L  R  R  J  F  C  H  R  D
I  Z  T  V  O  I  C  L  W  K  W  F  H  C  I  W
M  O  E  G  I  F  Q  O  L  F  P  M  A  A  N  B
S  N  K  X  T  L  X  C  F  I  V  L  P  N  P  Z
G  E  C  O  X  J  Q  C  I  P  R  X  I  S  K  C
N  S  B  L  Q  Q  E  G  V  R  D  E  N  F  S  N
I  M  R  B  I  M  E  S  A  E  F  Q  H  E  Y  N
D  E  Z  E  X  F  S  N  C  H  F  P  G  T  R  J
L  G  G  U  F  V  F  O  Q  I  Z  B  S  P  E  Z
I  O  V  P  Q  N  L  E  S  S  G  E  Y  W  E  W
U  R  J  N  P  O  K  I  Z  T  D  D  T  Z  A  H
B  P  J  V  R  G  V  W  L  O  W  A  M  R  R  E
N  T  S  A  O  O  W  F  T  R  A  G  O  R  O  N
L  T  D  L  L  B  F  C  O  I  F  X  A  R  P  C
Q  O  D  C  B  A  U  M  E  C  N  E  P  S  A  Q
```

Answers on page 154.

MOUNT RAINIER
NATIONAL PARK

ALTITUDE	PACIFIC
CONE	PUYALLUP
EARTHQUAKE	RAINIER
ERUPTION	RANGE
ICON	SEISMIC
LAHAR	SLOPES
MUDFLOW	STRATOVOLCANO
MUIR	WASHINGTON

MOUNT RAINIER
NATIONAL PARK

```
W O L F D U M X H W T M L R H M
O N A C L O V O T A R T S N A Z
N W Z E A R A Z P E G N A R U J
E Y L D N G U Q V Q P D L Q K E
P L F U V A P T P A C I F I C V
E A R T H Q U A K E U U W Z F N
J Q K I I E X P Y U E A R M R R
C Q U T E D U R P U S E N O J W
H M T L U V T U J H I R O E G T
Q U D A K N L S I N D U C V S U
J I S H N L E N I R O P I T L F
A R M A A I G A T X L T J Q O C
N G T Y S T R E P A B I R F P L
G X U M O Z N A H X G O Z N E I
M P I N U O Y A Z C K N Q L S Y
I C Y Z C Y R L Q C H T H H T K
```

Answers on page 154.

MOUNT RAINIER
NATIONAL PARK

ACTIVE	MYRTLE
ASPEN	NETWORK
BOARDWALKS	NISQUALLY
CASCADE	PANORAMA
CHINOOK	SOURDOUGH
DRIVE	SUMMIT
LONGMIRE	SUNRISE
MASSIVE	TOLMIE

MOUNT RAINIER
NATIONAL PARK

```
J O H C A S P E N X S T U W H S
B A G Y E V I S S A M V N U K Z
L W U A K F J E F C Y D Y L S G
E T O C P E L Y A S R B A P U K
V U D X C E K S L I F W Q Z M O
I N R G K M C M V L D B D Q M O
T V U R O A Y E S R A U D M I N
C X O L D R N J A B L U U W T I
A K S E T I X O E N Z P Q P R H
U R B L S W B L K O V Y Y S L C
G O E U U A M A R O N A P M I T
Q W G B N C R A B H K M H N L N
D T V P R A E J U N P W G F D S
S E S V I L O X J H R O V X D F
K N B Z S V J Z L O N G M I R E
P X G P E I M L O T R A J S L V
```

Answers on page 154.

NATIONAL PARK OF AMERICAN SAMOA

ALAVA

AMALAU

BEACHES

EQUATORIAL

EVERGREEN

ISLAND

NATIVE

OCEAN

OFFSHORE

RAINFOREST

REEFS

REMOTE

SAMOA

SECLUDED

UNDERWATER

VOLCANIC

N F E N U K S O V C H M Q B F I
S A U F E T Y E C R H F Q Q H B
X A D N Y K V J C E F F N H C Y
V A M N D H K X V L A Q R R G P
Y Z G O A E Q E O V U N T P J S
R A Q B A L R C L I E D S L I E
E E N C F O S W C C E Y E W J H
M F B X H F R I A V M N R D V C
O S N S H A D F N T V F O P H A
T Y F L U V P R I I E N F J K E
E F A V A L A O C E B R N A L B
O R W U U A L A M A E F I P E S
J E V E R G R E E N U V A X I B
B P L A I R O T A U Q E R O B Q
Q E H N X S F E E R J K C J N W
C F Q Q X K K N A T I V E M C B

Answers on page 155.

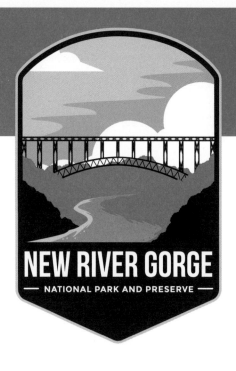

NEW RIVER GORGE
— NATIONAL PARK AND PRESERVE —

AQUATIC	HEMLOCK
BRIDGE	MIGRATORY
COAL	MUSSELS
DIVERSE	PEREGRINE
ECOSYSTEM	PINE
FALCON	RAFTING
GORGE	WHITEWATER
HARDWOODS	WILD

NEW RIVER GORGE
NATIONAL PARK AND PRESERVE

```
F V G L R N E P W R A K A Z E A
I V L U E H S I A D A M C N M H
W S N K Z A R C F L E F I A K B
F I J W M E E W I P N R T C I K
K W L F U C V H X T G G O I D H
U D N D S O I I K E A L A G N D
S K J L S S D T R P M U O H Y G
E W M A E Y R E C E Y R Q A R U
W O C D L S P W H M G H O A O B
G G O D S T L A O E M N Y C T L
H E R S D E R T P I N E U O A E
U G Z P L M J E V B A R C A R C
U D F D Q P J R V D Z A A L G E
K I S D O O W D R A H U I Z I C
L R L N E H Y U C O H X M D M A
U B P S N O C L A F O Y L J F G
```

Answers on page 155.

NORTH CASCADES
NATIONAL PARK

CASCADES   HEMLOCK

CONIFER   LAKE

DEER   POPLAR

EAGLE   RARE

ECOREGION   SLUGS

EXOTIC   SPECIES

FERN   WASHINGTON

FIR   WOLVERINE

```
H E R W F Z L X D W O O S B Y N
N R L S A E N U O C X H P S E O
R I Z G C S R L X W E Z E G B I
A F A K A O H N L M M H C U T G
W R W R H E V I L A Z U I L P E
D N P J W W N O N F A N E S Q R
K B A O V K C G Q G E K S M Q O
L M W D P K Z J V N T S L I U C
A M N G R L W S I Q U O F J Y E
K E N A F C A R E J T R N M U O
E A R E I K E R H D D U Y P M U
N E K T F V R H D D A T I S Y W
V N O Z L E B Z K F B C M Q N Z
D X C O E I E P L Q G M S X T F
E E W D C O N I F E R I R A X D
S C U Z B B Q D M L G M S O C W
```

Answers on page 155.

OLYMPIC

NATIONAL PARK

ALPINE

CEDAR

CHAR

FJORD

FLORA

GROWTH

MONTANE

MOSSES

OLYMPUS

RAINSHADOW

SITKA

TECTONIC

TEMPERATE

TROUT

VAST

WILDFLOWERS

R R Z O D T X X A R O L F S S W
T W W E P R E A U Z V T Y I X T
O R C C F A O M X W K B T O B F
R C O N K I P J P N C K N I Y O
S U E U L N F X F E A T V R C J
U F E W T S C Z D D R K N M Q C
P P W C L H N C F E A A O V J Z
M T Z E S A N M Q A N S T S O A
Y L G D W D D J C B S A U E L B
L E E A Q O Z I I E Q I T E S A
O T V R J W N Z S C X T O N H D
F R S Q V O W Q R A H C R I O E
X G R A T R G H T W O R G P Q M
A L L C V E O H F E I B C L I W
G V E A T D P D Y G U Y G A D Z
N T J W I L D F L O W E R S I Z

Answers on page 155.

PETRIFIED FOREST
NATIONAL PARK

APACHE

ARIZONA

BADLANDS

BUNCHGRASS

CHINLE

CLAY

CRATER

CRYSTALLIZE

DESERT

EROSION

FORMATIONS

NAVAJO

PETRIFIED

PRONGHORN

QUARTZ

SACATON

```
K K N O T A C A S N A S W O E J
D L Z C R P E R O S I O N M I I
Q J U A L M M F F N V S K A L D
P P D E Z I L L A T S Y R C R G
S P R E Y R A L J N G F M G E Y
D A P D S R Q U A R T Z H B T Y
N G S R I E W Q D O N G U S A X
A D B Z O X R E F K J N A L R K
L P O U A N I T Y O C A C A C O
D N O Y N F G B W H Z C V P A A
A T I N I P Z H G A H U Z A V W
B I R R H T G R O I Z O H C N X
D P T O Y A A L N R M X R H G C
O E S X P S X L O N N S K E M H
P G C X S C E C A A D G K L Y J
M O F O T F O R M A T I O N S S
```

Answers on page 156.

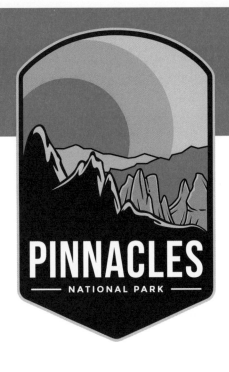

PINNACLES
NATIONAL PARK

BALCONIES	GRASSLANDS
BOULDERS	MANZANITA
BRECCIA	OHLONE
BUCKEYE	PINNACLES
CANYONS	PRAIRIE
CHALON	SHEAR
CHAPARRAL	TEEMING
CONDOR	WOODLANDS

```
C A V C D R O D N O C Z O Q B W
L T D A B P P E L S C R V R O D
P I G N N A Y P B H H K A A U Y
W N O Y N S L Y A R P E G M L Z
X A C O X B E P P E E C A R D W
K Z N N E G A L E L C C O R E S
A N R S B R G L C I S U C K R E
E A E Q R C R U C A R C V I S Y
Z M A A P H A M G O N I K Z A E
A L L O E A S C N F N N A C X K
G O P W K L S C I D C I I R H C
E C Y E W O L K M I H X E P P U
T P L H L N A K E P F H B S B B
O H L O N E N N E J F Q H B F J
S R O B S Z D O T C E I H H J Z
S K Q O F Y S D N A L D O O W H
```

Answers on page 156.

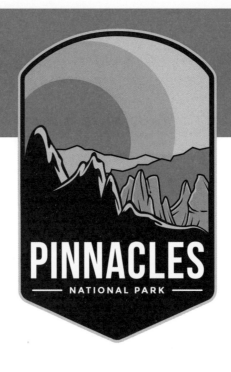

BOTTOMS

CLIFFS

DOMED

FALCON

FAULT

GULCH

NEENACH

QUAIL

RESERVOIR

SEISMIC

SOLEDAD

SPIRES

TALUS

THRASHER

WILDFLOWERS

WREN

K Y L Y X W L D H Q A V N M E R
N V Y O F N T J W R C P O T C I
U W B B C R Y D L L R T C O M O
U U R X S M O T T O B S L J W V
O F D E I F W C C L R M A U E R
I G W X N S R D L E U K F C I E
O U A H P G E E W I T A F C H S
N L A X M Q B O H A F X F V M E
W C J V G G L S L S S F H X S R
R H R E O F E U W E A I S A O J
S K S Q D R S T I Z Z R C D L F
H K X L I R D S O D D D H G E D
O S I P P Y M R G G D M Y T D Q
K W S U O I P F J H M B B W A K
X C X B C Y Q V V L I A U Q D S
T N E E N A C H D O M E D A Z D

Answers on page 156.

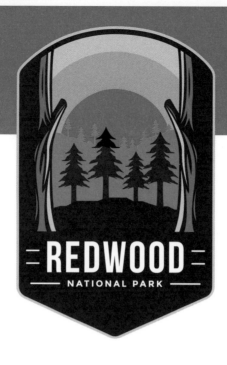

REDWOOD
NATIONAL PARK

ALLUVIAL	LUPINE
CHINQUAPIN	MOSS
COAST	NORTHWESTERN
DOLASON	ORICK
ELAM	REDWOOD
FIR	REGION
HAZEL	RHODODENDRON
HORSEBACK	SORREL

```
C P M D P H K E S P K D H D E F
H Y T H B R O E W U Y Z S Y S E
I R K E V W L R R N O I G E R N
N N O R T H W E S T E R N Z L I
Q I W Z B H D M R E L N X T S P
U B B O A W E J C R B B R G C U
A G J Z O E Z K U N O A H D O L
P J E O D Z X H Z B O S C W A R
I L D C L D O L A S O N W K S B
N A Z J B L H D M A L E F G T I
A C C V R O L M H M Q L Z Y H Y
N O R D N E D O D O H R Z E Z L
M E P P M F L Y S J K I T I Y J
Z O B A I S G L A I V U L L A A
D G S R L G O N F N H A C C B N
N N G S J K P S O R O R I C K P
```

Answers on page 156.

ROCKY MOUNTAIN

NATIONAL PARK

BEAVER	MONTANE
BIGHORN	MOOSE
BIODIVERSITY	MUMMY
CHICKADEE	PIKA
GLACIATED	PONDEROSA
GROUSE	SEDGES
HUCKLEBERRY	TANAGER
LICHENS	YPSILON

ROCKY MOUNTAIN
NATIONAL PARK

```
J A A D Y X K X H R E G A N A T
P N S N B P G U V Q M A Y S J W
L S O D E I S F E T O J X Q E E
G G R Y E R O I B F N X N N J S
J L E D M E T D L E T Y P P Y U
U A D R G X D F I O A H M R C O
N C N L S O Y A P V N V R M P R
P I O D N G B I K G E E E N U G
U A P H E J K N B C B R R R Y M
I T U S H A Y U I E I O S E S V
H E N Y C V Z O L S H H R I H D
Z D L D I Y F K E G L B C T T I
I F O K L V C G I C D L K K K Y
T X K I O U D B Y R G A O X K I
K G C F H E L O R F D G K N N D
Z U J Y S Y E S O O M T F I Q D
```

Answers on page 157.

ADOBE	PRICKLY
ART	RINCON
BAJADA	ROADRUNNER
CACTI	ROOTS
GILA	SAGUARO
GOSHAWKS	SONORA
HOHOKAM	TUCSON
PETROGLYPH	WREN

```
R R E Z R W I X V H K G S B G W
I S A R A R T T P L S O D I R D
N O P Q E F W I C T L S Y E U T
C I P B N Y O C O A K H N W S J
O J P B M R K O W I C A F A Q R
N C U R A A R Y N X A W M G O M
U X A U I W K N H B W K U A V B
X O G K N C Q O O L D S D U A C
F A F A D F K B H F T R E J D M
S F B H D D K L J O U A A P S N
D T U C S O N U Y N H D D W F B
U B X X B S B Q N W A K K Q Z D
H E M X S Q P E T R O G L Y P H
W F V H X C R J J Y Z Z N D K C
P A L I G S X S S N A W Y U O I
A R O N O S M N N P Z I W E I R
```

Answers on page 157.

SEQUOIA
NATIONAL PARK

CABINS	MEADOWS
CALIFORNIA	MOUNTAINS
CAMPING	MUIR
CEDAR	SEQUOIA
CRYSTAL	SHERMAN
GRANT	SIERRA
HIKING	TOKOPAH
LANGLEY	WUKSACHI

SEQUOIA
NATIONAL PARK

```
G M J L B S Y M X G G R A N T V
L S J C S I D Y N Z A R R E I S
J Q H I A R H I U P O I O M A Y
A A Y E C B K C U X C X S U A O
N I Z Z R I I M A D C Y G I Y T
L O X P H M U N M S E J N R R O
W U R Y S L A H S L K R I T I K
Z Q V H N L L N G G O U N W W O
Z E B Q I M W N D F Y C W P C P
A S Z D A C A I I W C M K R S A
A F N V T L B L E E S I Y F B H
F S K V N G A U D Z O S T P W W
A T E Y U C B A J N T E U N U W
S F W J O T R N E A K I Q A R A
B W F J M S K Z L C A M P I N G
Q Q G B S W O D A E M W J Z V Y
```

Answers on page 157.

APPALACHIAN

ASTERS

AZALEAS

CASCADING

CHESTNUT

HARDWOODS

HICKORY

HOLLOWS

MASSANUTTEN

PIEDMONT

SHENANDOAH

SKYLINE

TRILLIUM

TULIP

UNDULATING

VIRGINIA

SHENANDOAH
NATIONAL PARK

```
O G N I T A L U D N U N W T I K
F T V H L I A V P N P A X T B J
S S K T R I L L I U M I S E A P
F W C K S A E L A Z A H C N I B
C T L A S T E R S U E C H I N S
A B N H N I J A R N R A E L I F
S B D O A E X E A X J L S Y G A
C J H V M R T N P P G A T K R H
A J J I P D D T A E J P N S I O
D T C M C O E W U L X P U T V L
I U B S A K L I O N T A T E M L
N L S H X M O Z P O A G J V O O
G I I I N E Y R P E D S Z W V W
S P L B Y D U N Y A Z S S J Q S
K X Y X L I B I P H E T O A U X
R T W L R V J V P S C J V S M B
```

Answers on page 157.

SHENANDOAH
NATIONAL PARK

ANGLING

CAVERNS

CORBIN

DENSE

FALLS

GREENSTONE

HAWKSBILL

KAYAK

PATCHWORK

PRESERVE

RAFTING

RANGER

RAPIDAN

SKYLAND

TIMBER

TUBE

SHENANDOAH
NATIONAL PARK

```
M K E H K T Y I O Q R M G N M V
C N M N A D I P A R N U E E G Q
A N K M T O G C F H J V W R I T
Z U C L B U A N F U R N E N T O
N N K Y P V B P I E K E K Y I F
I R B R E V J E S T N E E B M D
B W A R E N Z E L S F W H L B N
R P N G I G R A T D H A S E E K
O S X L D P N O Q Y A Z R I R A
C N U G P F N A V D W Y E L G Y
C K P G U E O B R C K B N T N A
P A T C H W O R K U S Y J W I K
E S N E D G Y Y L W B W I L L Y
Z P W Z P O N C V Q I H H C G L
S K Y L A N D V R S L T V A N S
T F A L L S C T D L L A S M A F
```

Answers on page 158.

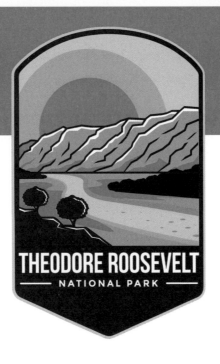

THEODORE ROOSEVELT
NATIONAL PARK

BADGER   ERODED

BADLANDS   HORSES

BISON   MISSOURI

CONSERVATION   PRESIDENT

COTTONWOOD   RANCH

COUGAR   RUGGED

DAKOTA   SAGEBRUSH

ELKHORN   TERRAIN

```
X D E D O R E X R P R D F L S T
R P E H C N A R D P Y E Y S Z N
R Z D C O N S E R V A T I O N E
J E S A G E B R U S H C N D H D
H A G E E O A O G R R O I U O I
I T V D U E Q P G B Y T A Q N S
D O D X A P S C J Z J T R L L E
M K T A P B W Y H V E O R X Y R
I A S D N A L D A B U N E V A P
S D Z Z T R M Y H N O W T G N T
S H Q L U U O I G B J O U K R R
O S A M F X F H I D R O L U M N
U R H Q J A M S K Y C D G M C K
R W Q D Q B O L T L A G M L F V
I N C F U N R I C P E L S X F O
H O R S E S H F U D S M K Y V Q
```

Answers on page 158.

VIRGIN ISLANDS
NATIONAL PARK

ARAWAK	PALM
CARIB	RAINFOREST
CORAL	REEF
CRAB	SHARKS
IGUANA	SNORKEL
ISLANDS	TROPICAL
KAYAK	TURQUOISE
LAVA	VIRGIN

VIRGIN ISLANDS
NATIONAL PARK

```
T  T  R  D  U  F  N  C  W  B  A  R  C  R  D  P
S  R  K  J  W  R  E  E  F  N  X  D  T  V  L  J
V  T  G  J  C  R  V  W  L  H  T  W  W  A  W  Z
O  Q  N  I  G  R  I  V  E  P  P  Y  R  R  J  L
Q  B  B  X  U  B  L  D  K  A  S  O  A  A  G  A
T  P  O  W  U  H  Y  R  L  C  H  W  I  Y  R
R  U  N  C  R  E  H  W  O  M  X  N  L  N  K  A
K  S  R  I  I  D  T  I  N  D  P  A  Q  F  A  W
T  S  Q  Q  I  G  I  M  S  J  C  U  C  O  Y  A
Q  D  D  M  U  G  F  W  M  I  Z  R  F  R  A  K
R  S  W  N  U  O  S  H  P  R  E  I  O  E  K  G
P  I  H  A  A  S  I  O  Q  B  L  S  L  S  K  M
T  R  N  A  I  L  R  S  N  H  I  A  Y  T  G  C
O  A  U  W  R  T  S  V  E  I  V  R  C  F  F  F
Q  N  W  Y  A  K  G  I  F  A  T  D  A  Y  L  N
S  G  G  F  W  W  S  I  B  T  F  P  F  C  V  E
```

Answers on page 158.

VIRGIN ISLANDS
NATIONAL PARK

ANEMONES	POWDERY
CHARLOTTE	PRISTINE
COLUMBUS	QUAINT
HASSEL	SPAWN
MARINE	SPECIES
PARADISE	SUGAR
PETROGLYPHS	TAINO
PLANTATIONS	WATERS

```
E W S U G A R E T T O L R A H C
A L L U E X C O L U M B U S S N
F Z A A A S C N W A P S E F H T
P G W I O D N L W T S E N L N O
A S E X J S V O F E T N I A U Q
R H T E N E Y C I J L D R W G Y
A P A C K I H Y P T X T A V J P
D Y I L O C E A V R A T M A X L
I L N D H E E J S I I T A A R L
S G O L Q P A T Y R E S N J D H
E O V I E S W R T I E E T A A X
J R Y E T S E B T T M T H I L X
E T E B D D S I I O L U A Y N P
R E O O W M U A N K Q Z O W G E
V P T O I E T E H E R C X A Q A
H N P C I C S H X C Z E I S M T
```

Answers on page 158.

VOYAGEURS
NATIONAL PARK

BLUEGILL	NORTHERN
BOREAL	PADDLING
CANOE	PIKE
CREE	STURGEON
KABETOGAMA	THUNDERBIRD
MINNESOTA	VOYAGEURS
NAMAKAN	WATERWAYS
NET	WHITEFISH

VOYAGEURS
NATIONAL PARK

```
H D L T A O U I P A D D L I N G
L C L E O U K I V F K B Z F G Q
Y A R N N D E N W Q Y R L U N F
N G E E Q M R H Y F A L V O X V
A M W R E I I I S R I W R H C O
M K S I O T M S B G U T Z P W Y
A N X G E B C I E R H K W P I A
K G W F E S N U N E E U X N Y G
A P I M R L O R N W D A C R E N
N S M G F B M N E B E W N R Q U
H D O L W A C K H G L S J U X R
A M A G O T E B A K R F O F H S
E O N A C G R P I K E U J T F T
J T V G C I Q I N G I K T M A V
W A T E R W A Y S A U F C S R T
D T W Z L F S E Z G L E B I M M
```

Answers on page 159.

WHITE SANDS
NATIONAL PARK

ALKALI	MISSILE
DESOLATE	ORYX
DOME	RANGER
DUNES	SCORPION
FOSSIL	SKUNKBUSH
GYPSUM	SUCCULENTS
HUECO	TULAROSA
LUCERO	YUCCA

M T J I Y U C C A Q M N G H X R
I H W K J A G D D B T M V P E N
S S Y N Q J R R I A O W W G R C
S U C G D K S Y T P B B N W E O
I B M O X E V T D S Z A E M C H
L K U A R O S G N Z R Z O C O Z
E N P L D P R O M E J D H L N A
A U R K S D I Y L S L U Z Y Z V
Y K B A Z Y K O X A E U S E L F
Q S X L L N L Y N C T T C W J L
K S U I L K I M O K S E A C G N
T B C T B I I V T U E O F X U F
M U S P Y G S O H F N G S P A S
H O U H I B P S V S U B R C P N
U L U C E R O I O O D T C I Y U
S A S O R A L U T F Z M V E D C

Answers on page 159.

ALAMOGORDO

BASIN

BLUESTEM

COTTONWOOD

DIAMONDBACK

GRASSES

HEAT

LANDSCAPE

LOOP

MESQUITE

PUEBLO

SOAPTREE

STARK

SUMAC

TRACKS

VERBENA

WHITE SANDS
NATIONAL PARK

```
A K L S N W A N E B R E V X Y S
D G V W T D I A M O N D B A C K
Y Q L C H A K X D D M M P P J I
C J Y H K E R P T H Y U R C G E
J F J F N O A K S X E O V U L D
E L C M F V C T N B D V N R B F
P R E A E A S B L R U V I L R S
A N P N M T Q O O A Z K S G H O
C X S U U F S G M F M S A R M A
S R S K J H O E P H H H B A J P
D A E C C M W B U O Q F W S L T
N U P G A A F G E L O E O S J R
A X L L V D R P Y S B L V E F E
L S A R V D B T W F V O W S W E
Z A C D J I D O O W N O T T O C
U M T P Q N V E T I U Q S E M W
```

Answers on page 159.

WIND CAVE
NATIONAL PARK

ATMOSPHERE

BOXWORK

CALCITE

CAVERN

CHEYENNE

CUSTER

DAKOTA

DEPOSITS

FOREST

HILLS

HONEYCOMBS

LAKOTA

PRAIRIE

SANCTUARY

SIOUX

WIND

```
H I L L S F V W V F I Y Y D D H
D E S P O L B Y C A V E R N M D
H F R R O L Y R A U T C N A S F
J O E E S K L C S R E N N O M T
Q S N J H U I I A W U W I N D V
T L P E I P O E Y U T C S M Q E
S W M M Y U S N B Q Y J Z Z X V
R T X C X C E O H M R X D T C Y
A F I K H A O M M G Y I W A R A
M M Z S T E Q M C T K O L H E T
X K Y O O R Y N B I A C I B I O
Y B K T E P H E X S I M O G R K
A A F T P G E C N T D X O E I A
L B S D U T O D E N R K L R A D
V U X G D K U I X Z E V Y C R Q
C A D Y K R O W X O B B R C P Z
```

Answers on page 159.

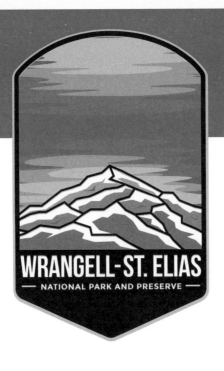

WRANGELL-ST. ELIAS
NATIONAL PARK AND PRESERVE

BEAR

BIOSPHERE

CHITINA

ELIAS

GEESE

GLACIER

JUNCO

MALASPINA

MUSKEG

NUTZOTIN

POPLAR

PTARMIGAN

SCOTERS

TETLIN

TIMBER

WRANGELL

```
E U X Q T A H J T D A N N E C Y
H T Q P J U N C O U G E K S U M
G S J G B Z T S H O N Q U G L V
F G A A N I P S A L A M B O S U
C Z A I S Y J P P O P L A R D Z
F B R N L T Y K F G T Q Q X V R
K E E E Y E E S E E G D V P N F
A A I D R M W R A N G E L L A K
S R C O C E Q X Q O F P H N G H
C T A E Z H H N R B O H U U I D
O N L R R T I P G N I T E U M V
T I G S I B J T S Q Z F H W R A
E L V M D U K B I O K M Q N A S
R T B W P L Y M T N I G Q O T K
S E P L T G O I L Q A B X V P N
R T O P Y H N I F X R D N O A J
```

Answers on page 160.

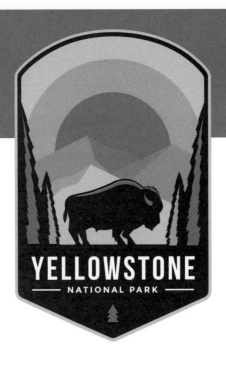

YELLOWSTONE
NATIONAL PARK

CALDERA	MUDPOTS
ENDEMIC	NORTHERN
ERRATICS	SAGEBRUSH
GEYSERS	STEAM
HERDS	TRAILS
HYDROTHERMAL	WHITEBARK
JUNIPER	WYOMING
MORAINE	YELLOWSTONE

```
L S T E A M O H X M T R M I O S
V W O N N R E H T R O N A S G T
E Y Y X O R Y W D Z G T E T Z O
H U X O D A M O R A I N E X S P
H H Y S M Q J Y V N N T X R K D
Y S H E K I S L I A R T E G C U
D U K Z L O N X S Q O S O C P M
R R F S M L X G J C Y E K A Y G
O B C Q O Q O U C E I R Y L Y G
T E S F K E N W G I A T B D N Y
H G J V N I N E S B M L A E V B
E A E Q P N G S E T T E W R B B
R S R E N E J T P H O Y D A R Y
M X R K V Q I I J K C N W N O E
A N N B E H A G Q M J O E C E J
L U V S W U U H A O S Q M P W P
```

Answers on page 160.

CHAPARRAL

CLIFFS

FINCH

GRANITE

MADERA

MARIPOSA

MERCED

PINES

PUMA

SEQUOIAS

SIERRA

TIMBERLINE

TIOGA

VALLEY

WAPAMA

YOSEMITE

YOSEMITE
NATIONAL PARK

```
F  S  T  I  O  G  A  B  A  S  O  P  I  R  A  M
Z  O  K  G  X  J  B  G  E  W  C  A  M  U  P  E
W  Y  C  Z  E  L  I  T  H  W  Q  C  T  D  L  E
T  H  G  R  A  N  I  T  E  S  U  R  I  S  K  Q
V  P  F  E  S  M  W  K  D  A  F  C  M  D  D  G
E  M  H  A  E  D  A  A  S  P  S  N  B  W  W  Y
B  L  I  S  S  C  L  P  P  A  V  U  E  W  E  M
M  A  O  E  I  A  H  X  I  A  N  E  R  L  T  L
E  Y  R  I  O  I  I  A  P  N  M  Q  L  H  I  T
R  F  A  R  Y  S  N  O  P  A  E  A  I  X  C  A
C  I  R  M  E  A  Q  A  U  A  V  S  N  Y  W  R
E  N  Y  F  P  I  S  O  C  Q  R  D  E  O  C  E
D  C  Z  S  D  P  S  P  B  S  E  R  B  N  K  D
W  H  S  F  F  I  L  C  B  H  A  S  A  D  Q  A
Y  N  R  B  C  G  Z  I  U  M  U  H  L  L  R  M
Z  P  R  N  G  U  Q  H  J  B  Y  V  A  G  B  C
```

Answers on page 160.

ANASAZI

ARCHES

CONDORS

DEEP

DRAMATIC

GEOLOGIC

IVINS

KOLOB

LABYRINTH

NARROWS

PINYON

SANDSTONE

SHRUBS

UTAH

VIRGIN

ZION

```
X Q S E H C R A A A P E E D P B
U N C A E I L F X N S I K R C I
J B B E C G F W O A O I K U Z L
E I H M H I B E X S L Y H P K H
N K V K S C G N M A H V N A F N
O M B I L D X O N Z W S X I T J
T K X J N A B H L I R G P S P U
S H Y Z C S B A I O S K X U Z Y
D F X J L T J Y D H E H Q J S E
N C P Z X I J N R U G G D X W V
A L W O P V O U F I O P E H O I
S G M M B C B S U P N J C H R R
J B T W O S D R A M A T I C R G
Y U J Y L K X A W X Z H H V A I
H B R S O Z I O N B Z I Z E N N
V U Q R K P X A O X T B E G F L
```

Answers on page 160.

Answers

Acadia National Park
(pages 4–5)

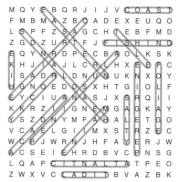

Arches National Park
(pages 6–7)

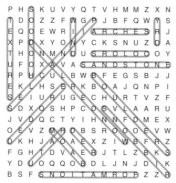

Badlands National Park
(pages 8–9)

Big Bend National Park
(pages 10–11)

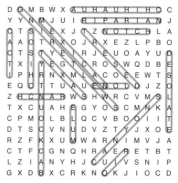

Biscayne National Park
(pages 12–13)

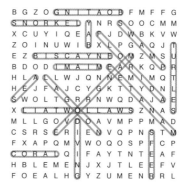

Answers

Black Canyon of the Gunnison National Park (pages 14–15)

Bryce Canyon National Park (pages 16–17)

Canyonlands National Park (pages 18–19)

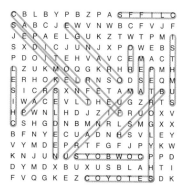

Capitol Reef National Park (pages 20–21)

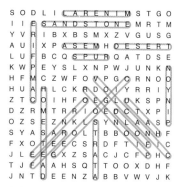

Carlsbad Caverns National Park (pages 22–23)

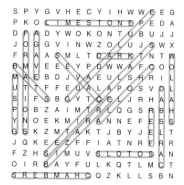

Answers

Channel Islands National Park
(pages 24–25)

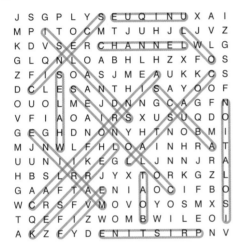

Crater Lake National Park
(pages 28–29)

Congaree National Park
(pages 26–27)

Cuyahoga Valley National Park
(pages 30–31)

Answers

Death Valley National Park
(pages 32–33)

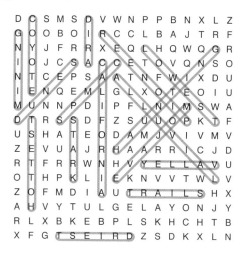

Dry Tortugas National Park
(pages 36–37)

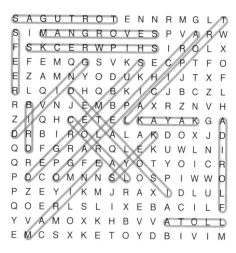

Denali National Park
(pages 34–35)

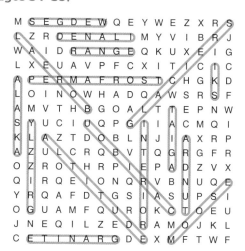

Everglades National Park
(pages 38–39)

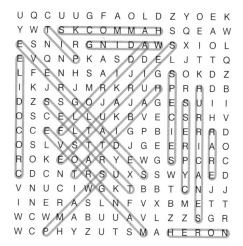

Answers

Gates of the Arctic National Park and Preserve (pages 40–41)

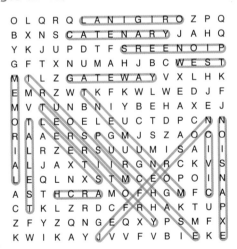

Gateway Arch National Park (pages 42–43)

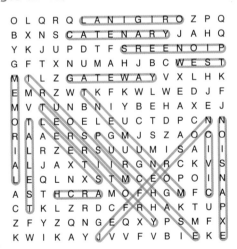

Glacier National Park (pages 44–45)

Glacier Bay National Park and Preserve (pages 46–47)

Answers

Grand Canyon National Park
(pages 48–49)

```
H X H Q Q V Q W W A X O J L H Z
I E L X H O K V Q H N K I O I C
F F R R J B V Q Q E D O C N Q D
E X H C Z H G O N W G W Z A I B
Y D O N K E Y A U D O K B I P P
S N O I T A V R E S E R D F R W
B C R J P A C O L O R A D O H A
A L O C J R F P P U V X K I J N
I Y E O O H U Y O O V G T A K T
C I N N G D S T S K R E V E A S
V L O D C O M U R H W J F T I A
R M Y O L E F P N A E R G Y B V
A F N R O Z C T T S R Q I F A W
F U A S W H X E P E E R P M B J
T G C S Y H R N J Z P T A C S M
S C N M N E V A D A W O S D Y I
```

Great Basin National Park
(pages 52–53)

```
J X T F E D U T I L O S P S C I
P Q M S Z F S U Z R R Q M S P X
H W X T T E V L K K V A A P T S
K S Z D V A C A V E R G K I B A
V J U O V K R J Z M E S A P R S
K H R B S Z V G O A E N R B I L
S G B C T A O T A D L E R N S L
D K H N S L S N N Z S V I Y T I
I Q I X Z G A U I I I O X L L H
L F F I Y A O S D S A N R J E T
P L E Y N R Z E X N A P P G G C
O X O Q G G N M H L I B D Q O O
K J N P E T H Q B W F G U G N F
B X M G I K X Q I D F M Z A E F
S A B A M I C R O C L I M A T E
C J L P U Z T U O R T Y D A L S
```

Grand Teton National Park
(pages 50–51)

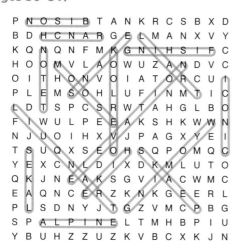

```
P N O S I B T A N K R C S B X D
B D H C N A R G E L M A N X V Y
K Q N Q N F M K G N I H S I F C
H O O M V L A O W U Z A N D V C
O I T H O N V O I A T O R C U I
P L E M S O H L U F I N M T I C
L D T S P C S R W T A H G L B O
F I W U L P E E A K S H K W W N
N J U O I H X V J P A G X Y E I
T S U Q X S E O H S Q P O M Q C
Y E X C N L D I X D K M L U T O
Q K J N E A K S G V I A C W M C
E A Q N C E R Z K N K G E E R L
P L S D N Y J T G Z V M C P B G
S P A L P I N E L T M H B P I U
Y B U H Z Z U Z K V B C X K J N
```

Great Sand Dunes National Park
(pages 54–55)

```
T F R I S D T I I G O A S P E N
L O O S N U T R R V Z I Z B X H
A C M R N S A A K E K E H W K P
Y H I D E P S W E B Q O X C J D
Z V R L T S P R O N G H O R N O
A A L O L G T E Z Z C C T G V O
X A R A P N H S O E Y D F U P W
T S N B E S U O R G U V A E Y G
J D O N R O H G I B P I B Z I O
S V D B I D O O W N O T T O C D
Y C C A T A D S X B R V Z B S H
X O F K C O L O R A D O K K Q C
W T A Z B Q P D V F Q C L A X X
S R E L T T E S E O K E U B X N
C D A P I J U R I R C V G Y A L
O W E F V Z T A P A C H E S D V
```

149

Answers

Great Smoky Mountains National Park
(pages 56–57)

Haleakalā National Park
(pages 60–61)

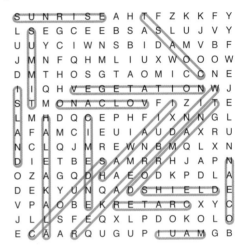

Guadalupe Mountains National Park
(pages 58–59)

Hawaii Volcanoes National Park
(pages 62–63)

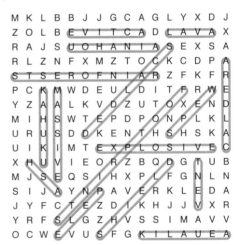

Answers

Hot Springs National Park
(pages 64–65)

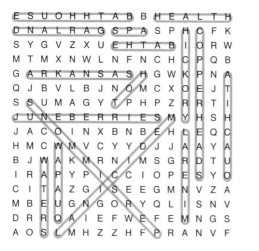

Isle Royale National Park
(pages 68–69)

Indiana Dunes National Park
(pages 66–67)

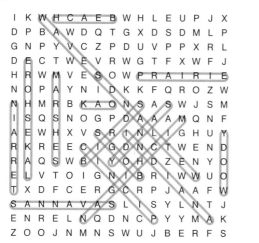

Joshua Tree National Park
(pages 70–71)

Answers

Katmai National Park and Preserve
(pages 72–73)

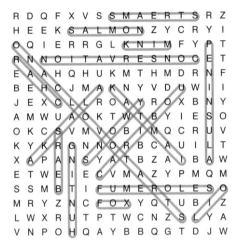

Kenai Fjords National Park
(pages 74–75)

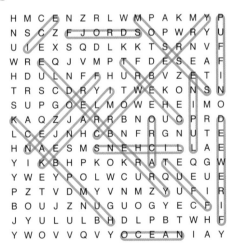

Kings Canyon National Park
(pages 76–77)

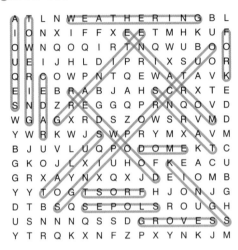

Kings Canyon National Park 2
(pages 78–79)

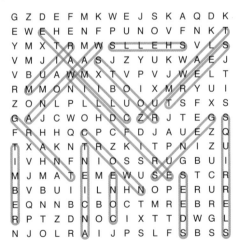

Answers

Kobuk Valley National Park
(pages 80–81)

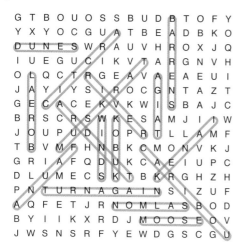

Lake Clark National Park and Preserve
(pages 82–83)

Lassen Volcanic National Park
(pages 84–85)

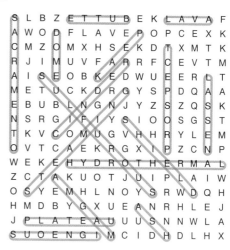

Mammoth Cave National Park
(pages 86–87)

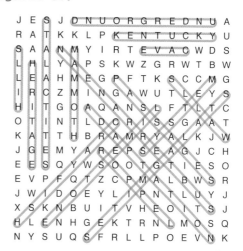

Answers

Mammoth Cave National Park 2
(pages 88–89)

Mount Rainier National Park
(pages 92–93)

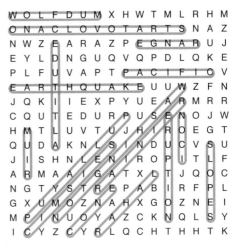

Mesa Verde National Park
(pages 90–91)

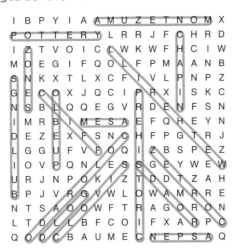

Mount Rainier National Park 2
(pages 94–95)

Answers

National Park of American Samoa
(pages 96–97)

North Cascades National Park
(pages 100–101)

New River Gorge National Park and Preserve (pages 98–99)

Olympic National Park
(pages 102–103)

Answers

Petrified Forest National Park
(pages 104–105)

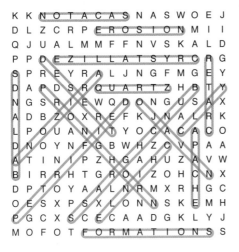

Pinnacles National Park 2
(pages 108–109)

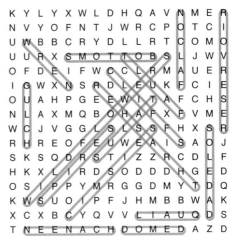

Pinnacles National Park
(pages 106–107)

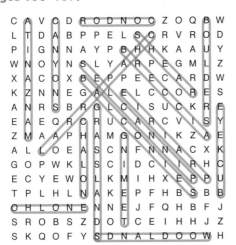

Redwood National Park
(pages 110–111)

Answers

Rocky Mountain National Park
(pages 112–113)

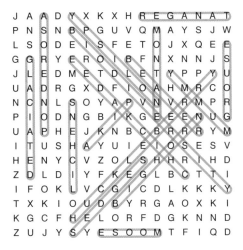

Sequoia National Park
(pages 116–117)

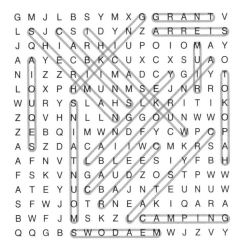

Saguaro National Park
(pages 114–115)

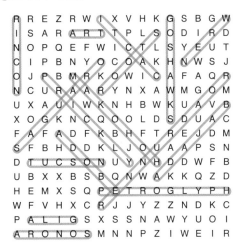

Shenandoah National Park
(pages 118–119)

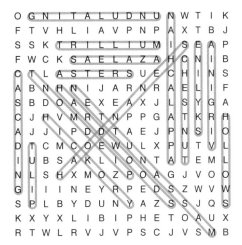

Answers

Shenandoah National Park 2
(pages 120–121)

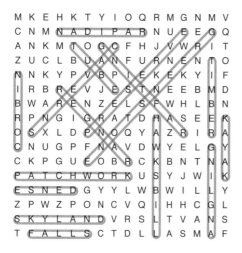

Theodore Roosevelt National Park
(pages 122–123)

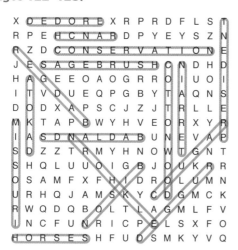

Virgin Islands National Park
(pages 124–125)

Virgin Islands National Park 2
(pages 126–127)

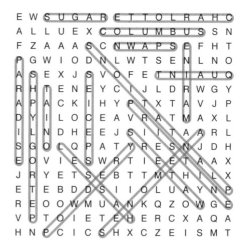

Answers

Voyageurs National Park
(pages 128–129)

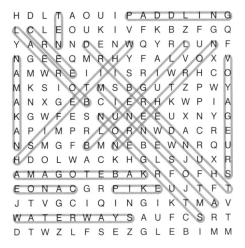

White Sands National Park 2
(pages 132–133)

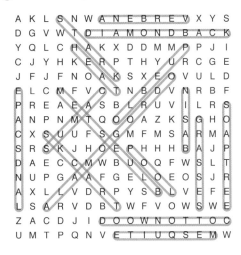

White Sands National Park
(pages 130–131)

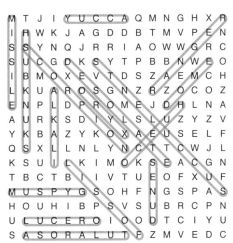

Wind Cave National Park
(pages 134–135)

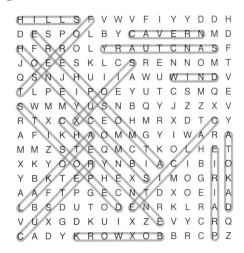

Answers

Wrangell-St. Elias National Park and Preserve (pages 136–137)

Yosemite National Park (pages 140–141)

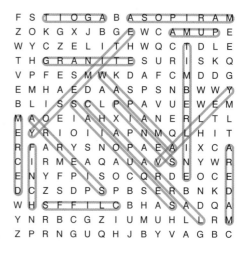

Yellowstone National Park (pages 138–139)

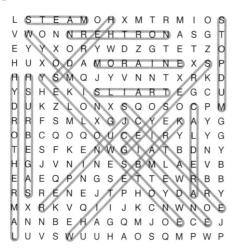

Zion National Park (pages 142–143)

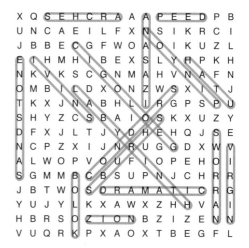